NOTICE

DES TABLEAUX

DU MUSÉE

DE LA VILLE DE LYON,

Par F. Artaud.

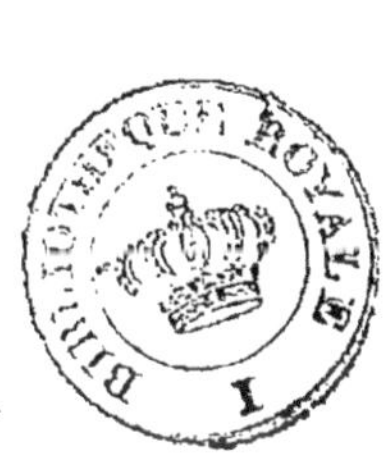

A LYON,

De l'Imprimerie de LAMBERT-GENTOT, Libraire,
grande rue Mercière, N.º 29.

─────────

1817.

A V I S.

Le Musée est ouvert au Public les Dimanche et Jeudi de chaque semaine, depuis onze heures jusqu'à deux.

❀❀❀❀❀❀❀❀❀❀❀❀❀❀❀❀❀❀❀❀❀

SALON

DES FLEURS.

1. — ALEXANDRE - FRANÇOIS DEPORTES, né à Champigneul en Champagne en 1661, mort à Paris en 1749, élève de Nicasius. *École française*.

Des canards et des fruits auprès d'une fontaine ; dans la partie supérieure, trois perroquets autour d'un bassin rempli de pêches et de raisins.

2. — Un vase de fleurs posé sur un autel antique, attribué à BAPTISTE, mais dont la manière ressemblerait plutôt à celle de VANDER KABEL, mort à Lyon en 1695.

3 et 4. — Jean MONNOYER, dit BAPTISTE, né à Lille en 1635, mort à Londres en 1699. *École française*.

Ces deux petits tableaux, peints sur cuivre, ont été donnés au Musée par feu M. Leclerc de la Colombière, professeur de mise en carte, à l'École des Beaux-Arts de Lyon.

5. — M. BERJON, professeur à la même École.

Une corbeille de fleurs, groupée avec un melon et des raisins : tableau acquis par les soins de M. le comte de Sathonnay.

6. — Jean - David de HÉEM, né à Utrecht en 1600, mort à Anvers en 1674 ; élève de son père David de Héem.

Un cartouche entouré de fleurs et de fruits, supporté par deux aigles et deux cornes d'abondance ; dans le milieu, est le portrait d'un Stathouder, et, au-dessous, un lion tient une orange, armes parlantes de la famille de ce prince.

Ce tableau se voyait autrefois au Musée de Paris, sous le n.º 500. *École flamande*.

7. — M. BONY, dessinateur et fabricant d'étoffes de soie à Lyon.

Un vase de bronze rempli de fleurs rares. Sur le

devant, on voit un nid et des oiseaux étrangers becquetant des groseilles.

M. Bony, connu par ses talens et par son amour pour les arts, a bien voulu donner ce tableau au Musée, à l'occasion du passage en cette ville de S. A. R. Monsieur, frère du Roi.

8. — Abraham MIGNON, né à Francfort en 1640, mort en 1679. *École flamande.*

Un vase de fleurs, renversé par un chat, au moment où il veut saisir une souris qui s'échappe de la souricière.

9 et 10. — M. VANDAEL, peintre moderne à Paris.

1.º Un vase posé sur un socle de marbre : pivoines, roses blanches, tulipes, etc.

2.º Une corbeille de fleurs : roses, giroflées, impériales, pivoines, renoncules, etc.

Ces deux tableaux ont été acquis par les soins de M. le comte de Sathonnay.

11. — Jean Van HUYSUM, né à Amsterdam en 1682, mort en 1749; élève de Just Van Huysum son père. *École flamande.*

Un vase rempli de roses, de tulipes, de pavots, et autres fleurs, posé dans une niche, et au pied duquel est un nid d'oiseau. Ce chef - d'œuvre a été acheté par la ville et par la société des amis du commerce et des arts.

12. — Pierre - François Van BROUSSEL, d'Anvers.

Un vase rempli de roses, de pivoines, d'oreilles d'ours, de giroflées. Au bas et à gauche, est un nid d'oiseau; à droite, sont des pêches et des raisins groupés sur une tablette de marbre. Ce tableau figurait, il y a quelques années, au Musée de Paris. Il est daté de 1781.

13. — François DEPORTES.

Un paon, devant un panier de raisins; placé sur la terrasse d'un jardin; au bas, est un singe prenant un de ces fruits suspendu sur sa tête.

14. — Les 7 Sacremens; dessins attribués à Pesne, graveur du Poussin, avec leurs bordures; donnés par M. François Grognard, ancien inspecteur du mobilier de la couronne.

GALERIE
DU MUSÉE.

1. — L*éandre* BASSAN, né en 1558, mort en 1623. *Ecole vénitienne.*

Assaut d'une ville d'Italie, peut-être celle de Naples, par Charles VIII.

Dans le tableau, n.° 28, du même maître, qui fait pendant à celui-ci, on voit le Roi de France victorieux, recevant la couronne de Naples sur le champ de bataille.

2. — Un vieillard en méditation : attribué à VAN-MOL ; acheté par le Conservatoire des Arts.

3. — Jacques VANOOST, né à Bruges vers 1600, mort dans la même ville, en 1671.

Un jeune homme, vêtu de rouge et coiffé d'un bonnet de poil, reçoit un billet qui lui est apporté par une vieille femme.

Acquis par les soins de M. le comte de Sathonnay.

4. — Louis GALOCHE, né en 1670, mort en 1761.

L'apothéose du cardinal de Fleury.

La Justice présente le portrait de ce ministre à la Lorraine, qui vient d'être réunie à la France. L'Histoire écrit cet événement digne de mémoire, et foule aux pieds le démon de l'Envie.

5. — Michel Janson MIEREVELD, né à Delft en 1568, mort en 1641. *Ecole hollandaise.*

Portrait, à mi-corps, d'une dame vêtue de noir.

6. — Mattia P*reti*, dit le CALABREZE, né en 1613, mort en 1699. *Ecole napolitaine.*

Sophonisbe, pâle et défigurée, ressent déjà l'effet du poison qu'elle vient de prendre.

7. — David rendant grâce à Dieu d'avoir tué Goliath.

Le redoutable géant est renversé ; sa tête est séparée du tronc. David, les bras élevés vers le ciel, rend grâce à Dieu d'une victoire si éclatante : l'horizon s'obscurcit, un éclair sillonne les nues, et l'armée des Philistins prend la fuite.

Ce tableau, attribué à PERRIER de Mâcon, a quelque chose de la manière d'Alexandre Veronèse.

8. — Philippe de CHAMPAGNE, né à Bruxelles en 1602, mort à Paris en 1674 ; élève de Fouquières. *Ecole flamande.*

Invention des reliques de Saint-Gervais et de Saint-Protais, en présence de Saint-Ambroise, archevêque de Milan ; et de plusieurs autres prélats.

9. — Jean BYLLR, né à Utrecht en 1605. *Ecole flamande.*

La Marchande d'esclaves.

10. — Jacques JORDAENS, né à Anvers en 1594, mort dans la même ville en 1678. *Ecole flamande.*

L'adoration des Bergers.

La Sainte-Vierge tient dans ses bras le Messie qui vient de naître. Des bergers se prosternent, en lui faisant hommage de leurs offrandes rustiques. L'un lui apporte des oiseaux, l'autre lui présente une coupe remplie de lait, tandis qu'un troisième égaie la scène par les accords de son chalumeau. Saint-Joseph, appuyé sur un bâton, sourit à la piété touchante de ces pasteurs. Ce tableau se voyait autrefois dans l'Eglise des Chartreux de Lyon.

11. — La maîtresse du Padouan. *Ecole vénitienne.*

12. — Sébastien BOURDON, né à Montpellier en 1616, mort à Paris en 1671.

Portrait d'un Militaire.

13. — Bon BOULLOGNE, né à Paris en 1649, mort dans la même ville en 1717. *Ecole française.*

Sortie de l'Arche.

Noé et ses enfans rendent grâces à Dieu d'avoir échappé au déluge. Les animaux sortent de l'arche.

14. — Incendie d'un village ; attribué à STÉEN.

15. — François DEPORTES.

La chasse au sanglier.

16. — Charles LEBRUN , né en 1619, mort en 1690.

Louis XIV , ayant à ses pieds des nations vaincues , est présenté par Saint-Louis à Jésus ressuscité. Le fameux Colbert est présent à cette scène mystique.

17. — Jean-Benedette CASTIGLIONE , né à Gênes en 1616 , mort à Mantoue en 1670.

Une marche d'animaux.

18. — L'adoration des Rois. *Ecole italienne.*

19. — François SNYDERS , né à Anvers en 1579 , mort dans la même ville vers 1657 ; élève de Van Baelen.

Une table de cuisine.

Elle est couverte de viande et de gibier de toute espèce. On aperçoit, au bas, une chatte cherchant à saisir la tête d'un paon , tandis que ses petits jouent avec des oiseaux morts , placés dans un panier.

Ce tableau était au Musée de Paris sous le n.º 555.

20. — La pluie d'or de Danaé; attribué au TINTORET.

21. — Imitation d'une Vierge du CORRÉGE.

22. — Antoine VANDYCK, né à Anvers en 1599. mort à Londres en 1641 ; élève de Rubens.

Deux têtes d'étude, qu'on pourrait prendre pour celles de Saint-Pierre et de Saint-Paul.

23. — Jean JOUVENET , né à Rouen en 1644 , mort à Paris en 1717 ; élève de son père Laurent Jouvenet.

Les vendeurs chassés du Temple.

Jésus-Christ, armé d'un fouet, entre dans le parvis du temple, renverse les tables des changeurs et des Marchands effrayés. Ce tableau se voyait autrefois au Musée de Paris.

24. — Tableau attribué à Andrea del SARTO, né à Florence en 1488, mort en 1530. *Ecole florentine.*

Le sacrifice d'Abraham.

Isaac est sur le point d'être immolé ; mais , touché de la foi du père , et de la soumission du fils , Dieu envoie un ange pour arrêter la main d'Abraham , et substituer un bélier à cette victime chérie.

Ce tableau se voyait au Musée de Paris , sous le n.° 12.

25. — Jacques STELLA , né à Lyon en 1596, mort à Paris en 1647. *Ecole française.*

L'adoration des Anges.

L'enfant Jésus , dans les bras de la Vierge , est adoré par les esprits célestes. Dans le nombre de ceux qui considèrent l'humble crèche où vient de naître le Sauveur du monde , il en est un qui soulève et baise , avec respect , la paille sur laquelle il a reposé. Dans la partie supérieure du tableau , de petits anges déploient la légende : *Gloria in excelsis;* Dieu le père et le Saint-Esprit apparaissent dans leur gloire , et semble fixer l'attention de Marie. Ce tableau était autrefois dans la Chapelle des peintres , à Saint-Bonaventure.

26. — Michel GROBON , de Lyon , membre de l'Académie , et professeur à l'Ecole des Beaux-Arts de cette ville.

Le pigeonnier de la Roche-Cardon.

Ce tableau et le n.° suivant ont été achetés par la ville.

27. — Un jeune élève , préparant les couleurs de son maître.

Ces deux tableaux placent M. Grobon au premier rang parmi les peintres de l'Ecole lyonnaise , à laquelle il a su inspirer le goût et le fini précieux des grands maîtres flamands et hollandais.

28. — Léandre BASSAN.

Charles VIII victorieux , recevant la couronne de Naples sur le champ de Bataille.

29. — Pierre REVOIL , de Lyon , professeur de peinture à l'Ecole des Beaux-Arts de cette ville , membre de l'Académie , et chevalier de la légion d'honneur. *Ecole lyonnaise.*

Un tournoi.

Le sire Renaud et le seigneur de Léon, à la tête de la noblesse bretonne, sont venus frapper un tournoi à Rennes ; les joutes à la lance courtoise ont succédé à ce combat à la foule. Un jeune fils de preux entre en lice, et y triomphe de 14 chevaliers ; tous désirent apprendre son nom. Renaud veut tenter de le vaincre ; mais il baisse humblement sa lance devant lui. Alors un chevalier de Normandie, habile à faire sauter les *héaumes*, est envoyé contre cet inconnu. Vains efforts ! le Normand succombe. Un héraut, assisté de deux poursuivans d'armes, accourt pour relever le vaincu, au moment où il est assez heureux pour frapper son adversaire au front, et lui soulever la visière. Le héraut d'armes, qui reconnaît le fils de Renaud, son maître, élève la main et proclame le nom de Bertrand du Guesclin. Renaud, que la curiosité vient d'attirer sur les échafauds ; témoigne la surprise et la joie. Le héraut de Léon sonne la victoire de Bertrand, tandis que les deux poursuivans rassemblent les tronçons des lances, et en délivrent de neuves. Dans le fond, au centre, la loge des quatre juges, Rohan, Saint-Pern, Châtel-Brian et Beaumanoir. L'un d'eux montre le prix de la joute, qui est un cygne en argent. A droite et à gauche, les loges des dames, ornées des écus offerts par les vainqueurs. La duchesse de Bretagne occupe le milieu de celle de gauche. La troupe des combattans paraît au bas d'une cathédrale. Au premier plan, est la principale entrée du champ clos, gardée par un soldat. Deux mâts portent les écus des chevaliers *tenans*, ainsi que les bannières du Tournoi, sur lesquelles on lit, en vieux langage : *à biaux faicts, biaux loz* : à belles actions, be les louanges.

Ce tableau précieux, exposé au salon de 1814, sous le n.° 762, a été donné par M. Revoil, au Musée de Lyon.

3o — Jean-Jacques de BOISSIEUX, né à Lyon en 1756, mort dans la même ville en 1810.

Dessin, à l'encre de la Chine, représentant une vue de Rome ; *Rippa-Grande* ; dans le fond, on distingue l'hôtel des Maltais.

Ce bel ouvrage a été donné au Musée par la famille de M. de Boissieux, après la mort de l'auteur.

31. — Le Ballon, dessin à l'encre de la Chine.

Ce Ballon, le premier qui fut lancé, dans l'hiver de 1784, a été dessiné pour conserver à la postérité l'époque de cette invention remarquable. M. de Boissieu s'est représenté lui-même dans la foule, avec toute sa famille. La scène se passe aux Broteaux: le fond du paysage représente la vue de l'hôpital et du coteau de Fourvières.

Donné au Musée par la famille de l'auteur.

32 et 32 *bis*. — Portraits de M. de la Salle, habile mécanicien, et de M. de Montgolfier, inventeur des aérostats : l'un au crayon noir, et l'autre à la mine de plomb par le même.

33. — Donné par M. Fructus, de Lyon.

La Blanche Marguerite, d'après une romance de M. Revoil.

34. — BIDAULT, de Carpentras, mort à Lyon en 1813.

Clair de lune, paysage pris sur les bords du Rhône.

35. et 35 *bis*. Des oiseaux, nature morte ; par le même.

Ces tableaux ont été achetés sous la mairie de M. le comte d'Albon.

36. — Francesco ALBANI, né à Bologne en 1578, mort dans la même ville en 1660 ; élève de Louis Carrache et du Guide. *Ecole lombarde.*

Le Baptême de Jésus-Christ par Saint-Jean.

Jésus, aux rives du Jourdain, reçoit le baptême des mains de Saint-Jean : un ange soulève la draperie qui couvre ses épaules ; un autre ange prépare le linge qui doit essuyer ses pieds. Dieu le Père, le Saint-Esprit, et des séraphins, groupés sur des nuages, contemplent cette cérémonie.

37. — La prédication de Saint-Jean dans le désert.

Des vieillards, des jeunes gens, des enfans et leurs mères, assis dans le désert, sont attentifs à la parole du précurseur de Jésus.

Ces deux tableaux de l'Albane faisaient autrefois partie de la collection du cabinet du Roi.

38. — Jacques JORDAENS.

La Visitation.

Elisabeth paraît à la porte de sa maison, et accourt au devant de Marie, qui lui tend les bras. Saint-Joseph, qui vient d'attacher sa monture, semble répondre au bon accueil que lui fait Saint-Zacharie.

Le N.º 19 du même peintre est dans sa manière vigoureuse. Les tableaux qu'il faisait dans des fonds clairs et argentins, étaient plus estimés.

39. — La ville de Lyon.

Tableau allégorique, donné par Son Eminence Monseigneur le cardinal Fesch.

Attribué à COYPEL *Ecole française.*

40. — LAHIRE, né à Paris en 1606, mort en 1656; élève d'Etienne Lahire et de Simon Vouet, *Ecole française.*

La Trinité.

L'Eternel, porté sur des nuages, soutient entre ses bras le corps de son fils, immolé pour la rédemption des hommes. Le Saint-Esprit plane au-dessus de leurs têtes; et des anges, groupés autour de la Sainte-Trinité, paraissent méditer et gémir sur les souffrances de Jésus. On aperçoit, dans le fond du tableau, la montagne du Calvaire, désignée par les trois croix plantées sur le sommet.

41. — Le Christ portant sa croix.

Tableau gothique, du commencement du 16.ᵉ siècle. *Ecole flamande.*

Maître inconnu, dans le genre de Cranac.

42. — Bonaventure PETERS, né à Anvers en 1614, mort dans la même ville en 1652.

Une marine, tempête.

Un navire vient d'échouer contre des écueils, près d'un vieux phare: des marins jettent des cordes à des malheureux naufragés.

43. — Le Christ sur la croix. *Ecole de Vouet.*

La mère de pitié, et les saintes femmes éplorées sont à ses pieds.

Donné par Monseigneur le cardinal Fesch.

44. —Pietro BERETINI, dit le CORTONE, né à Cortone en 1596, mort en 1669.

César, répudiant Calpurnie, présente la main à sa nouvelle épouse.

45. — Saint-Benoît et Sainte-Claire, soutenus par des Anges, offrent leur cœur à la Sainte-Vierge. Des chérubins répandent des fleurs sur ces bienheureux.

Ce tableau, attribué à STELLA, appartiendrait plutôt à la manière de LEBRUN.

46. — Nicolas MIGNARD d'Avignon, né à Troie en 1668, mort à Paris en 1728. *Ecole française.*

L'auteur s'est représenté lui-même peignant une Vierge de la main gauche, afin de consacrer sans doute cette habitude, et de la faire connaître à la postérité.

47. — Luca GIORDANO, né en 1632, mort en 1705. *Ecole napolitaine.*

Saint-Luc peignant la Vierge.

Luca paraît s'être représenté sous la figure de son patron : tandis qu'il dessine les traits de la Vierge Marie, des anges s'empressent à soutenir son tableau et à préparer ses couleurs.

48. — Louis CARRACHE, né en 1555, mort en 1619.

Le baptême de Jésus.

Jésus, servi par les anges, est baptisé par Saint-Jean dans les eaux du Jourdain.

Ce tableau se voyait au Musée de Paris, sous le N.° 877. *Ecole de Bologne.*

49 — Sisto ROSA, ou BADOLOCCHIO, florissait en 1609, il a suivi l'*Ecole de Bologne.*

La Vierge et l'enfant Jésus, sur un trône élevé, reçoivent les hommages de Saint-George et de Saint-Benoît. On voyait cette peinture au Musée de Paris, sous le N.º 794.

50. — Giuseppe CESARI, dit le JOSEPIN, mort en 1640. *Ecole napolitaine.*

Présentation de la Vierge.

Sainte-Anne présente Marie au grand-prêtre, qui vient la recevoir, avec respect, sur le parvis du temple.

51. — Carlo-Francesco Nuvolone, dit PANFILO, né en 1608, mort en 1661. *Ecole milanaise.*

L'immaculée Conception.

La Sainte Vierge, couronnée par deux anges, les yeux baissés, les mains jointes, est portée dans les cieux par un groupe de séraphins.

52. — Joseph Ribera, dit l'ESPAGNOLET, né à Xativa en 1589, mort à Naples en 1656. *Ecole espagnole.*

On lit dans la légende, que le corps de Saint-François d'Assise ayant été transporté dans l'Eglise que Grégoire IX lui avait consacrée, on l'a vu long-temps placé dans une grotte, sous le grand-autel, où il s'était conservé debout, les yeux ouverts et tournés vers le ciel. Le peintre a choisi cette situation, et l'a rendue d'une manière effrayante.

53. — Paolo Cagliari, dit Paul VERONÈSE, né à Vérone en 1532, mort en 1588.

Betzabée surprise dans le bain par le roi David.

54. — PALME, le jeune, né à Venise en 1544, mort en 1628. *Ecole vénitienne.*

Le Christ à la colonne.

Jésus, environné de ses bourreaux armés de verges, souffre, avec résignation, les coups terribles qu'ils lui portent. Des soldats cuirassés, la lance au poing, considèrent attentivement cette scène d'horreur, qui se passe devant la porte du prétoire.

Ce beau tableau fut perdu pendant la révolution ; il a été retrouvé par feu M. Mayeuvre de Champvieux, qui s'empressa d'en faire l'acquisition pour le compte de la ville.

55. — Pietro Vanuci, dit le PERUGIN, né à Pérouse en 1446, mort en 1524.

Ce tableau n'est qu'un des volets d'un ouvrage plus considérable ; il représente Saint-Jacques et Saint-Grégoire, qui étaient les patrons du donateur.

56. — Philippe de CHAMPAGNE.

L'adoration des Bergers.

Le Sauveur vient de naître sous le chaume : la Sainte-Vierge et des bergers, pénétrés d'admiration et de respect, se prosternent devant lui. L'un de ces adorateurs rustiques lui apporte un agneau ; des anges radieux proclament sa gloire dans le ciel. Le fond du tableau représente la ville de Bethléem, au-dessus de laquelle brille l'étoile miraculeuse.

57. — Jean BREUGHEL DE VELOURS, né à Bruxelles vers 1589, mort vers 1642 ; élève de Pierre Goek ndt. *Ecole flamande.*

L'air, représenté par Uranie, entourée d'instrumens d'optique et d'astronomie, et d'oiseaux de toute espèce. Les figures sont de Van Baelen.

58. — La Terre, figurée par le paradis terrestre, dans lequel se trouvent rassemblés les fleurs, les fruits, les animaux, et jusqu'aux insectes de tous les climats.

59. — Giacomo ROBUSTI, dit le TINTORET, né à Venise en 1512, mort en 1594. *Ecole vénitienne.*

Ex voto.

La Vierge et l'enfant Jésus, Sainte-Catherine, Saint-Augustin, Saint-Joseph et Saint-Jean.

60. — Antoine-François Vander MEULEN, né à Bruxelles en 1634, mort à Paris en 1690 ; élève de Pierre Snayers.

Vue de la ville de Lille, du côté de Fives, et l'armée de Louis XIV devant la place, en 1667.

61. — La Sainte Famille en repos dans un très-beau paysage ; d'après le POUSSIN.

62. — Pietro PERUGINO, maître de RAPHAEL.

L'Ascension de Jésus en présence de la Vierge et des apôtres ; celui qui est placé derrière Saint-Jean, et qui regarde le spectateur, est selon quelques personnes le Perugin lui-même.

Ce tableau précieux était au Musée de Paris, sous le N.° 1097.

A la prière de M. le comte Roger de Damas, le Pape Pie VII, a accordé ce tableau à la ville de Lyon.

La lettre que S. S. a fait adresser à M. le Gouverneur est remplie d'expressions extrêmement honorables pour les habitans de cette ville.

La viva memoria, (y est-il dit), che il Santo Padre conserva delle testimonianze di divozione e di attacamento date alla sua sacra Persona dal Po-

*polo Lionese tutt. le volte che è transitato per co-
desta città , e della religione che la distingue ; non
le ha permesso di negare ad un popolo si ben merito ,
la grazia che egli ha domandato. — Le St. Père
termine sa lettre en disant qu'il donne ce tableau. —
in attestato del suo aff. tto e della grata sua rimem-
branza per la città di Lione.*

65. — Gaspard de CRAYER , né en 1582, mort
en 1669. *Ecole flamande.*

Saint-Jérôme dans le désert, se frappant la poitrine avec une pierre.

64. — Vander MEULEN.

Vue de la ville et du port de Calais , du côté de
la terre.

65. — Gio-Francesco Barbieri, dit le GUERCHIN ,
né à Certo en 1590 , mort en 1666. *Ecole bolonaise.*

La Circoncision de Jésus-Christ.

La cérémonie de la Circoncision a lieu en présence
de la Sainte-Vierge et de Saint-Joseph : la douleur
fait jeter des cris à l'enfant Jésus ; il se retourne
vers sa mère , en lui tendant les bras.

Ce beau tableau provient du Musée de Paris.

66. — L'Eau, exprimée par un fleuve et une naïade
portant à l'Océan le tribut de leurs eaux. Leurs rives
sont couvertes de poissons et de coquillages de tout
genre. Les figures sont de Van Baelen.

67. — Le Feu, représenté par des forges, des fon-
deries, et autres usines animées par cet élément, ainsi
que par les nombreux produits de ce genre d'atelier.

Ces deux tableaux complètent les quatre Elémens
de BREUGHEL de Velours.

68. — Joseph PARROCEL , né à Brignoles en
Provence en 1648, mort à Paris en 1704 ; élève de
Bourguignon.

Une halte de quelques cavaliers , après une bataille : l'un deux , le drapeau à la main , se désaltère
au bord d'un ruisseau.

69. — Erasme QUELLINUS , né à Anvers en
1607 , mort dans la même ville en 1678. *Ecole
flamande.*

Saint-Jérôme, assis et les mains jointes, paraît méditer sur le néant de la vie humaine ; le lion, son compagnon fidelle, est couché paisiblement à ses pieds. Une tête de mort, un crucifix, et quelques livres de prières, sont les seules richesses de ce pieux anachorète.

Quoique ce tableau ait été attribué à Quellinus, son dessin gothique ferait présumer qu'il est l'ouvrage d'un maître plus ancien.

70. — Pierre-Paul RUBENS, né à Colgné en 1577, mort à Anvers en 1640 ; élève d'Otto Venius. *Ecole flamande.*

L'adoration des Mages.

Les Mages ont découvert le lieu de la naissance du Messie ; le plus âgé d'entre eux se prosterne pour l'adorer, et baise ses pieds avec respect. La suite nombreuse de ces princes se montre empressée de jouir de la vue du divin enfant.

Rubens s'est plu à répéter ce tableau avec quelques changemens.

71. — Guido RENI, dit le GUIDE, né à Calvenzano, près Bologne, en 1575, mort en 1642. *Ecole lombarde.*

L'Assomption.

Marie, radieuse et triomphante de la mort, est ravie au ciel par les anges ; une foule de séraphins environnent son auréole, et la contemplent dans sa gloire.

72. — Paul VERONÈSE.

Moyse sauvé des eaux.

La fille de Pharaon, richement vêtue à la manière des Vénitiennes, jette un regard protecteur sur Moyse, que des archers viennent de découvrir sur les eaux du Nil. Des femmes, des esclaves, et un nain, sont présens à cette scène.

On croit que Paul Véronèse a voulu représenter toute sa famille sous les traits des personnages de ce tableau.

73. — Giovani LANFRANCO, dit LANFRANC, né à Parme en 1580, mort à Rome en 1647. *Ecole bolonaise.*

Saint-

Saint-Conrad.

Un Ange lui apparaît pendant qu'il est en prière.

74. — Gagliari VERONÈSE, dit CARLO, né en 1570, mort en 1595 ; élève de Paul Véronèse son père. *Ecole vénitienne.*

L'adoration des Rois.

Marie présente Jésus à l'adoration des Mages ; Saint-Joseph soulève une partie du linge qui le dérobe à leurs regards. Les trois rois et les pages qui portent leurs présens, sont vêtus à la manière vénitienne. Ces derniers sont couverts de just-au-corps armoriés devant et derrière.

75. — Jacques JORDAENS.

La Sainte-Vierge, assise dans l'étable, présente le divin enfant à l'adoration des Pasteurs. Parmi les présens rustiques ques ces bonnes gens apportent à Jésus, on distingue une coupe de lait, un agneau, des colombes, emblèmes de sa douceur et de sa bonté.

Ce tableau était au Musée de Paris, sous le n.° 580.

76. — Augustin CARRACHE, né en 1557, mort en 1602.

Portrait d'un chanoine de Bologne ; acquis par les soins de feu M. le comte de Sathonnay.

77. — Aubin VOUET, né à Paris. *Ecole française.*

Sainte-Paule faisant l'aumône.

Sainte-Paule, issue d'une des plus illustres familles de Rome, distribue de l'argent à des pauvres placés à la porte d'un temple. Elle donne des leçons de charité à sa fille Sainte-Eustochie, et des anges semblent montrer à l'une et à l'autre la récompense qui les attend.

78. — Portrait d'un jeune homme flamand, vêtu de noir, avec une fraise blanche ; attribué à VANHAEST.

79. — Albert DURER, né à Nuremberg en 1470, mort en 1528. *Ecole allemande.*

L'empereur Maximilien I.er et Catherine sa femme sont à genoux devant la Sainte-Vierge et l'enfant Jésus, qui posent sur leurs têtes des couronnes de fleurs, apportées par des anges. Parmi les spectateurs de cette scène gracieuse, on remarque Albert Durer lui-même, tenant un rouleau de papier où il a inscrit son nom. Le portrait de ce maître , gravé par Kilanus , paraît être copié d'après ce tableau.

80. — Jeune femme , vêtue de noir, avec une fraise blanche

Ce portrait fait pendant avec celui du n.° 78. Il est du même artiste.

81. — FABRE , de Montpellier , élève de David. Le crucifiement de Saint-Pierre ; d'après le Guide.

Trois bourreaux préparent le supplice du saint apôtre , qui va bientôt être cloué sur une croix renversée. L'un deux s'efforce de le hisser à l'aide d'une corde ; un autre soulève la tête et les épaules de la victime ; tandis que le troisième , prêt à enfoncer un clou dans ses pieds , est tout-à-coup ébloui par un rayon divin qui vient suspendre son action barbare , et éclairer vivement la tête et le corps du glorieux martyr.

82. — GARNIER.
Le Christ mort , sur les genoux de la Vierge ;
d'après Annibal Carrache.

Le corps du Christ , privé de la vie , repose sur les genoux de sa mère ; près d'elle , Magdeleine , debout et appuyée sur le sépulcre , essuie avec ses cheveux les pleurs dont ses joues sont inondées. A gauche , Saint-François , les bras croisés sur sa poitrine , médite profondément sur les plaies de Jésus, que deux anges lui indiquent en les arrosant de leurs larmes.

83. — PERRIN , élève de David. *Ecole française.*
Le Christ mis au tombeau , d'après le Caravage.

Le corps du Christ est prêt à être déposé dans le sépulcre par Saint-Jean , assisté de Nicodème , en présence des trois Marie éplorées.

Ces belles copies avaient été faites à Rome pour le Roi. Ce sont les seules que le directeur du Musée a cru pouvoir se permettre de placer dans la grande galerie.

DANS LA SALLE
DES ANTIQUES.

1. — Théodore Van THULDEN, né à Bois-le-Duc en 1607. *Ecole flamande.*

Le Christ sur la croix.

Jésus crucifié tourne ses regards vers son père : la Magdeleine, pénétrée d'amour, embrasse le pied de la croix, et considère, en pleurant la situation cruelle du Rédempteur des hommes.

Avant la révolution, ce tableau avait une réputation trop grande. On y admirait surtout l'expression de la Magdeleine. Il était attribué à Rubens, et placé dans l'Eglise des Pénitens dits Confalons.

Il est cité avec éloge dans un ouvrage intitulé : Voyage d'un ami des Arts.

2. — Jean JOUVENET.

Le repas chez Simon le Pharisien.

Parmi les spectateurs qui sont à droite dans la salle du festin, on remarque le peintre Jouvenet qui s'y est peint avec sa famille.

3. — Salomon CONING, *Ecole flamande.*

Le sacrifice de Manué.

L'ange prédit à Manué et à sa femme qu'ils auront un fils (Samson) extrêmement fort, et animé de l'esprit de Dieu.

Donné par son Ém. M.gr le cardinal Fesch.

4. — Paul RUBENS.

Saint-François, Saint-Dominique, et plusieurs autres Saints, préservent le monde de la colère de Jésus-Christ.

Ce tableau a été exposé long-temps au Musée de Paris.

5. — PERRIN, élève de David. *Ecole française.*

Cyanippe, prince de Syracuse, ayant méprisé les fêtes de Bacchus, fut frappé d'une telle ivresse, qu'il fit violence à Cyané sa fille. L'île de Syracuse fut désolée aussitot par une peste horrible. L'oracle répond que la contagion ne finira que par le sacrifice de l'incestueux. Cyané traîne elle-même son père à l'autel, et se tue après l'avoir égorgé.

6. — Thomas GONTLT. *Eco e de Le Sueur.*

Le martyre de Saint-Gervais et de Saint-Protais.

7. — Nicolas LOIR, né à Paris en 1624, mort en 1679.

Diane et Endymion.

La mélancolique Phœbé, accompagnée du Silence, surprend, à travers les voiles de la nuit, le berger Endymion endormi dans les bras du Temps.

8. — Saint - Jean écrivant son évangile, attribué au DOMINIQUIN.

9. — La chasse de Diane, d'après le DOMINIQUIN.

10. — Un prophète et deux anges, d'après RAPHAËL.

L'original à fresque se voit dans l'église de Saint-Augustin, a Rome. Cette copie avait été faite pour le Roi.

FIN DE LA GALERIE.

Le Musée de Lyon possède encore quelques Peintures qui ne sont point dignes d'être exposées dans cette galerie.

Le Directeur les a placées dans les salles de l'Administration. Néanmoins il croit devoir en faire ici l'énumération, afin de compléter l'inventaire des tableaux du Palais des Arts.

1. — Le Christ est mis au sépulcre, en présence de la Vierge, des saintes femmes, et du disciple bien-aimé. *École florentine.*

2. — LAGRENÉE fils.

Mentor et Télémaque.

3. — Thomas BLANCHET, né à Paris en 1607, mort à Lyon en 1689.

Une esquisse des peintures du grand escalier de l'hôtel-de-ville.

4. — D'après CIGOLI :

Debout sur les genoux de sa mère, le divin enfant cherche à saisir des fruits qui lui sont présentés par Sainte-Anne. Saint-Zacharie et Saint-Joseph paraissent s'intéresser à cette action innocente.

5. — Adrien Vander KABEL, né à Ryswick en 1668, mort à Lyon en 1695.

Nature morte : meubles, vases, etc.

6. — Le marchand d'écrevisses, d'après le CARAVAGE.

7. — La Foi, d'après LE SUEUR.

8. — Portrait du duc d'Albe.
Maître inconnu.

9. — Hyacinte - Colin de VERMONT, né à Versailles, mort à Paris en 1761. *École française.*

Le Mariage de Sainte-Catherine.

L'enfant Jésus est sur les genoux de sa mère, et met l'anneau nuptial au doigt de Sainte-Catherine.

Petit tableau rond.

B 3

10. — La Religion, d'après Le Sueur.

11. — Une Sainte Famille. *Ecole lombarde.*
Maître inconnu.

12. — L'adoration des anges et des bergers,
d'après les Carraches.

13. — Agar renvoyé par Abraham.

14. — Abraham et Isaac.
Deux pastiches dans le genre de Rembrand.

15. — Pierre SUBLEYRAS, né à Uzès en 1699,
mort à Rome en 1649.
Le repos de la Sainte Famille en Egypte.

16. — GUERNEBROCH.
Vue de Paris, prise derrière le faubourg de Saint-
Antoine.

17. — Le même.
Vue de Paris, prise en face du quai de l'Arsenal.

18. — Le même.
Vue de Paris, prise sur les hauteurs de Chaillot.

19. — Le même.
Vue de Paris, prise du milieu de la Seine, en face
du Pont-Royal.

20. — BLANCHET.
Portrait de Monseigneur de Villeroi, archevêque
de Lyon.

21. — L'Apothéose de César.

22. — Jean BRENET, de Lyon.
Imitation d'un bas-relief, représentant la Justice
de Rome, à qui l'on présente une supplique.

23. — Portrait de Monsieur, comte de Provence,
aujourd'hui Louis XVIII, exécuté en étoffe de soie,
couleur de grisaille, il y a 40 ans, par M. de La
Salle, chevalier de l'ordre de Saint-Michel.

24. — Portrait de S. A. R. Madame, duchesse
d'Angoulême, également en étoffe de soie. Il ap-
partient à la Chambre de commerce, qui l'a fait fabri-
quer par MM. Grand frères.

Six tableaux de fleurs, d'après Baptiste.

Un grand tableau de Sarrabat, en mauvais état,
qu'on voyait autrefois dans l'église des Jacobins.

Quarante petits tableaux d'oiseaux encadrés, peints à la chine.

Quatre-vingts tableaux très-médiocres, sans cadre, en grisaille, peints sur verre; achetés, pour la Société des Amis des Arts et du Commerce, par feu M. Pernon.

Nota. Lorsque la collection des tableaux du Musée s'augmentera, on aura le soin de donner un supplément à cette Notice.

F I N.

9 782014 030327